심해,
숨 막힘

내일의 빛이 되어주기를 바라며

심해,
숨 막힘

이해밀
지음

삶과 죽음, 고통과 괴로움, 멈춰버린 시간과
다시 움직이기 시작한 시계를 위한 시

♡

나의 삶 그 어느 부분에서도 생기를 찾아볼 수 없었다.
그렇게 3여 년을 살아가던 무렵 내 삶의 태엽이 돌아가기 시작했다.

바른북스

작가의 말

물에 빠져 허우적거릴 때, 이러다 난 죽겠구나 싶을 때가 있었다. 그날의 나를 구해준 것은 경찰도 구조대원도 신고해 준 사람들도 아닌 살고자 했던 나의 모순된 희망이었다.

인간은 이처럼 모순적인 존재이다. 특히 삶과 죽음 앞에서는 더욱 그러하다. 죽고 싶다 외치는 사람은 사실 간절히 살고 싶어 하는 사람이라 누군가 말했던가.

살고 싶은데 살 수 있는 힘이 없는 사람 역시 죽음을 택할 수밖에 없는 궁지에 몰리게 되는 것이다. 마치 심해에 빠져 더 이상 그 어떤 방법으로도 바다에서 빠져나올 방법이 없어져 버린 것처럼.

 이 드넓은 세상이 심해라고 가정했을 때 무언가의 이유로 튜브와 구조원들에 의해 구해지는 사람들도 있을 것이라 본다. 다만 지금부터 읽게 될 이 시는 심해 저 너머 아무도 구할 방법이 없는 곳으로 깊이 빨려 들어간 한 사람의 이야기가 쓰여져 있다.

 10살, 인생에서 처음 죽음을 목격한 나이었다. 14살, 다시 소중한 이를 떠나 보내야 했던 순간이었다. 19살, 여행으로 신나 있던 두 청년의 마지막 빛을 본 해였다.

 그리고 나도 모르게 스쳐 지나간 인연들의 죽음들은 수도 없이 많았고 저자는 점점 더 죽음과 가까워졌다. 그렇게 삶과의 손을 놓고 죽음과 손을 맞잡을 무렵 쓰여진 이야기가 담겨 있다.

 죽어가는 삶 속에서 발버둥 치고 있을 때 누군가는 내게 말했다. 살아 있는 것이 맞느냐고. 나는 이 말을 수도 없이 곱씹었다. 나는 살아 있나? 그래, 어쩌면 나는 죽은 것이 아닌가? 숨만 붙어 있지 나의 삶 그 어느 부분에서도 생기를 찾아볼 수 없었다. 그렇게 3여 년을 살아가던 무렵 내 삶의 태엽이 돌아가기 시작했다.

　죽어 있던 나의 삶은 술에 빠진 나약함과 이성에게 사랑을 갈구하던 못난 모습들뿐이었다. 허나 잠들기 위해 마시던 술은 불면증을 더욱 악화시켜 갔다. 새벽을 지나 아침 내내 숙취로 나를 괴롭힐 뿐이었다. 사랑도 마찬가지다. 갈구하던 사랑은 애정결핍에서 시작된 충족되지 못한 마음이었고 그 누구도 채워주지 않았다. 나를 진심으로 사랑하는 누군가 단 한 명의 사람도 이 세상에는 존재하지 않을 것이라 믿게 될 뿐이었다.

　그렇게 여느 때처럼 인생을 포기하며 죽은 삶을 살아가던 어느 하루, 나는 그를 만났다. 아주 우연치 않게 나를 살아갈 수 있도록 도와준 그를 만나게 되었다. 시작은 친구의 친구로 어색한 첫 만남이었다. 나는 어색함을 풀기 위해 밝은 모습으로 다가갔고 가벼운 장난을 쳤다. 사람 좋은 그는 그런 나를 긍정적으로 받아주었다.

　헤어질 무렵 연락처를 공유하고 그와 연락을 주고받는 사이가 되었다, 데이트를 하는 사이가 되었다, 사귀는 사이가 되었다. 신뢰하는 사이가 되었다. 인생을 공유하는 사이가 되었다. 서로가 서로의 삶이 되었다.

 생략한 부분이 많지만 우린 서로를 사랑하는 사이가 되었다. 그리고 둘의 정신적 건강과 육체적 건강, 행복을 위해 술을 끊자고 약속했고 지켜나갔다. 서로 상처 주지 않고 받지도 않았다. 우울한 기분을 나누고 공감하고 끌어안아 줬다. 겪어보지 못한 이해할 수 없는 영역까지도 보듬어 주는 그를 나는 사랑할 수밖에 없었다. 그의 무한한 사랑이 나를 변화시킨 것이다. 죽음에서 살아가는 삶으로.

 시가 다시 써지기 시작했다. 약 3년간의 공백을 넘어 돌아오지 않던 영감이 다시금 내 안에 피어오르기 시작했다. 누가 읽게 될지는 모르지만 이 시는 위로의 시이다. 삶과 죽음, 고통과 괴로움, 멈춰버린 시간과 다시 움직이기 시작한 시계를 위한 시이다.

 부디 살아가고자 하나 살아가지 못하는 이들, 죽고자 하나 죽지 못하는 이들에게 이 시가 내일의 빛이 되어주기를 바라며, 작은 지하 단칸방보다 더 작은 촛불이 되어주기를 바라며 이 시를 쓴다.

목차

작가의 말

1. 살아 있을 때

노란 불빛 -16
꿀 -17
피오니 -18

2. 죽어갈 때

문 뒤에 나를 기다리고 있기를 바라며 -22
잠수 -23
긁다 -24
시계 -26
깜박 -28
골 -29

자리 뺏기 -30

어지럼 -32

비소 -34

야금야금 -36

부정 -38

터널 -40

한 발 서기 -42

물음표 -44

꿈 -46

3. 죽음

하얀 눈에게 발자국은 그저 죽음일 뿐이었다 -50

여울목 -52

건 -54

오늘 밤이 가진 서시의 의미 -57

한 사내의 부끄런 마음이 부러웠든
골방 속 글자들의 행렬 -58

유기 -61

먹어 삼킨 오물 -62

비명 -64

色 -66

소원 -68

글에 파묻혀 산다는 것은 -69

머리 무게 -70

착각 -72

글자 단어 문장 -73

실명 부제: 내가 그림을 그리지 못하는 이유 -74

일기 -76

준비 -78

기름때 -79

남자의 얼굴 -80

공황장애 -82

죽고 싶다고 생각했다 -84

4. 살아가고자

당신이 쏟아부은 오물을 치워보려고 발버둥 친다 -88

유언 -92

눈동자 부제: 윤동주 -95

시린니 -96

설움 -98

행복 -100

거미줄 -102

로맨스 -104

無題(무제) -106

바람 -108

달그림자 -109

잡음 -110

죄책감 부제: 하루 -112

바스러진 낙엽 -113

눈물의 모양 -114

회구름 -116

아침一 -118

그림 -119

십 이 월 -120

귀환 -122

놀이터 -124

바위 -126

죽음의 문턱 앞에서 -128

블루홀一 -130

블루홀二 -131

5. 삶

바다 -136

네가 있었다, 그곳에 나도 있었다 -137

폭포 -138

십일월 육 일의 오후 -140

바람二 -142

자격증 -143

실수 -144

사랑 -148

얼룩진 보혈의 길에 펼쳐지는 -150

푸른색이 새로운 -152

정당성 -154

신발 끈 -156

종이와 펜 -158

썸 -159

손 -160

뻘 -161

너를 잃을 뻔했다 -162

けむり(연기) -164

악몽 -165

환상 -166

밤나무 -168

커피포트 -170

열기 -172

잠 -173

씨름 -174

아침二 -175

밤의 심술 -176

음율 -177

자장가 -178

6. 고양이

베르 -182

요르 -184

7. 애가

비에 젖은 가락 -188
우연애가 -190

8. 어머니

어머니 -194
아기 거북 -196
비행기 -198

9. 편지

1.
살아 있을 때

노란 불빛

가을 지나 겨울이 다가오는 밤
어둑한 골목 끝
작은 집에 남아 있는
작은 집보다 더 작은 노란 불빛

꺄르르 들리는 웃음소리
아이들의 웃음소리

하하 호호 들리는 웃음소리
어른의 웃음소리

가을 지나 겨울이 다가오는 밤
어둑한 골목 끝
작은 집에 남아 있는
작은 집보다 더 작은 노란 불빛

2014年

꿀

달콤한 꿀이 나를 유혹한다

마냥 보드란 단내를 뿜어내며
나를 제 안으로 끌어당긴다

벌집을 쑤셔 빼내온 꿀을

온몸에 덮어
마음에 덮어
달콤함을 묻혀보지만

벌의 입맞춤에 깨어나고 보니

무엇도 묻어나지 않는 나의 몸은
쓰기만 하다

2016年 11月 05日

피오니

나는 그대가 좋습니다

너무 빨갛지 않아서

너무 정열적이지 않아서

그대가 좋습니다

분홍빛으로 물든

저녁 하늘 같은 그대가 좋습니다

그런 하늘을 비추는

호수 같은 그대가 좋습니다

사랑하지 않음으로

사랑하는

나의 그대

나의 피오니

2019年

2.
죽어갈 때

문 뒤에 나를 기다리고 있기를 바라며

평생을 오지도 않을 사람을 기다린다

누구인지 모르는 사람
내게 올 사람조차 없기에
올 수 없는 사람

땅에 발을 디딜 수 없는 사람을
작은 손바닥에 가두어 놓고
한없이 기다린다

손가락을 쥐었다 폈다
눈을 감았다 떴다 하며
한없이 기다린다

뜬 눈의 초점이 흔들려
시선 끝이 흐려져도
바람은 자꾸 불어온다

2019年 11月 19日

잠수

깊은 물 속에 잠긴다

보글거리는 소리는
모든 구멍을 물로 메우는 소리

가득 채워 더욱 깊게 앉히는 소리
감각이 조각나는 소리

큰 방울이 꽃이라면
작은 방울은 살고자 하는 발버둥이겠지

그렇게 멀리 사라지는 나의 숨은
어디로 가 누구에게 닿았을까

그저 닿지 않고 계속 사라져 가는 중일까

2020年

긁다

손가락 끝에 힘을 주고
무언가를 그려본다

그려지고 있는 것은
뒤돌아 보이는 것

그리고 싶은 것은
곁에 있는 것

그려지지 않는 것은

-

아주 하얀 것이 지나가고
아주 까만 것이 다가와도

손가락 끝에 힘을 주고
계속 그려본다

2020年

심해, 숨 막힘

시계

여전히 작은 문 안쪽
좁은 방에 틀어박혀
너덜거리는 손으로 문을 막는다

살아갔다 여겼던 나의 주름에는
하찮은 교만의 찌꺼기만 껴 있고

나는 여전히 좁은 방 안에서
혼자 소꿉놀이를 한다

살아가지 못하고 멈춰선 나의 시계는
단어 하나 뱉은 날이 없었다

초침은 비틀거리지만
죽은 바늘은 여덟 앞에
열일곱 옆에

가만히 붙어 있다

2020年

심해. 숨 막힘

깜박

불을 끄기 전
불이 켜진다

볼 수 없는 시간으로
돌아가는 걸음을 세어본다

몇 발자국 가다
몇 발자국 가다 보니

아직 발이 붙어 있음에
떼어 갈 곳이 없음에 비웃는다

불 켜진 곳의 현실이
불 꺼진 곳의 내뱉은 공기가 되면

다시 어두워진다

2020年 06月 30日
午後 17時 17分

골

돌고 도는 생각이 어지럽다

작은 골 속에서 경주하는 생각들은
무의미한 승부를 위해 헤엄치며

빠져나가지 못해 고여버린 물
썩어버린 물속에 안주한다

연결된 터널은 녹이 슬고
굳어진 문은 열리지 않는다

터널 밖으로 나가고자 하지 않는다

썩은 물속에서 썩은 생각들은
어지럽게 돌다 죽는다

2020年

자리 뺏기

새벽 별이 가라앉으면
수면 위로 둥둥 뜬다

올라가다 올라가다
먼 수면 아래로 잠기면

그 자리를 탐했든 작은 아이는

빼앗겼든 제 자리를 찾았다는 듯
물 아래 잠든 아이는 처음부터 없었다는 듯
차가운 수면에 박힌다

끝내 자리를 지키지 못할 것을 알면서
지기 싫은 어린아이마냥
되돌아오는 수면의 울렁임을 거부한다

박혀 있든 곳에서 툭, 떨어진다
수면 위로 둥둥 뜬다

무지하게 뜨다 다시 잠긴다

2020年

어지럼

멀뚱히 바라보든
온기 없는 햇볕이

심장 한쪽에 숨겨둔 투명한 울음을 수욱 빼
마주친 눈동자 속에 박아버린다

더듬거리는 순간이 오면
창문을 닫고 구멍을 막아
숨이 벅차오르게 하고

창가에 걸터앉은 온기를 모아
큰 방울을 만들어 끌어안는다

도망치든 발걸음이 붙어 있어서
한 방울 떨어지는 주홍빛 사랑이 거짓이어서

살아 움직이는 괴롬이 미워진다

살짝 띄운 보조개가
누가 비추는 햇볕 마냥 미워진다

미운 것들이 모여 만든 '나'는
네가 참 미워진다

                                                                  2020年

비소

여전히 잠들지 못하는 밤
멈추지 않는 생각은
나를 더 깊은 밤으로 데려간다

왜일까 하는 생각이 꼬리를 물어
신이 없었다면 좋았을 걸 하고
코웃음 쳐본다

다시 생각해본다
왜일까 하며 돌아간다

돌아가다 보니 종점의 밤에 멈춰 선다

잠들지 못하는 것은
태초의 밤을 싫어했기 때문이고

잠들지 않는 것은
끝나가는 밤이 나를 포기했기 때문이겠지

여전히 잠들지 못하는 밤이
아주 느리게 속삭이고
비소를 던진다

                                                    2020年

야금야금

푹푹 쑤시던 뱃속이 터진다

벌레가 달려들고
배고픈 쥐들이 파고드는 나는
피 한 방울 내지 못한다

손가락을 움직여 끝을 그려보지만
물감이 없어 묻히지를 못하고

상상해 보려 하지만
눈알도 주름도 전부 먹혀버렸다

언제 끝날까
남은 건 몸 하나뿐인데

애초에 주어진 게 있었는가
하는 생각조차 못 한다

나의 육은 이미 사라졌는데
남은 것은 썩지를 않으니
나는 계속 먹힌다

                                                            2020年

부정

열등한 두 소녀가 있다

죄가 없는 소녀
죄만 있는 소녀

한 사람은 조금 모자라서
조금 모자라서 죄가 없고

한 사람은 없는 것만 골라내어
갖고 싶다 운다

붉은 피, 가느다란 다리, 작은 샘

눈물로 일궈내야 할 것들은
다 가졌는데

부정한 소녀는
갖고 싶다 운다

2021年

심해, 숨 막힘

터널

새카만 터널 안은
일정하게 놓인 불빛만 일렁인다

숨을 쉬기도 힘든데
숨을 쉬지 않는 사람들은
앉지도 서지도 못한다

몸 어디에도 족쇄는 없는데
누구도 움직이지 않는다

가끔 깜박이는 풍경은
싱그럽고, 푸르고, 눈부시고

생명에서 시작되는 빛이
큰 파도처럼 일렁인다

이 헛된 풍경은
생각이 스치는 속도로 지나간다

새카만 터널은 한없이 무기력하고
생명의 끝자락 보이지 않는다

2020年

한 발 서기

입은 옷이 짝고
엉덩이에 깔린 의자의 다리는 삐걱거린다

까진 발뒤꿈치는 따갑고
질끈 묶은 머리는 흘러내릴 듯 엉성하다

엄지손가락에 안착한 반지는
딱 고만한 안정감을 주지만

무겁게 짓눌러
뜬 눈을 가라앉힌다

나무 꼭대기에 한 발로 서
다리를 달달거리지만

떨어지고 싶지 않아
벗어나고 싶지도 않아

엄지발가락에 힘만 준다

2020年

물음표

이상한 밤의 이름은 무언가

고요한 목소리로
시끄럽게 나를 부른다

수많은 밤 중에

어느 밤에서부터
그토록 애타게 부르는지

이제는 돌아볼 수 없으나

곧 꿰어질 이상한 빛이
손가락 사이로 흘러내린다

이름도 없는 것이

사라진 밤과 만나

은하수 만들어 반짝거리니

이제야 알 듯하다
몰라도 될 너의 이름을

2020年

꿈

꿈이 먼저였는지

마음이 먼저였는지

알고 싶지 않았는데

통증이 대답한다

심해, 숨 막힘

3.

죽음

하얀 눈에게 발자국은
그저 죽음일 뿐이었다

발자국을 남기지 못하는 자들의 고요한 눈밭은
하얀 순결로 죽음을 맞이한다

발자국을 남기는 자들의 붉은 심장은
하얀 순결을 죽음으로 물들인다

뜨거운 생기에
눈밭이 까맣게 타버리고,

푸른 숨결에
고요했던 밤이 까맣게 녹아 없어지고,

새벽이슬 빛깔로 반짝이던 소망이
순결을 죽여버린 것은

슬쩍 부는 바람에
쉬이 날아가 버리는

더러운 발자국 하나가
스쳤기 때문이겠지

                                          2021年

여울목

내 이름 석 자 기억나지 않아 갑갑한 마음만 붙잡고
줄줄 흐르는 냇물을 가만히 보내버립니다

흙에 덮여 사라진 글자들은 천천히 썩어 문드러지고
팔 수 없는 살점과 함께 툭, 떨어져 나갑니다

살 점 떨어진 흙 우에, 죽어가는 냇물이 흐르는 땅 우에
작은 싹 하나가 청록빛 대가리를 몰래 내밀어 봅니다

탁한 미소 한 모금을 양분 삼아, 지워진 글자 한 움큼을
발판 삼아
위태롭게 자라든 작은 아이에게 푸른 불꽃을 안겨주면

햇빛으로 물들어 작은 나무가 되고
깔깔 웃으며 떨어져 나간 나의 글자들을 주워다 뜨겁게
안아줍니다

고운 재가 된 나의 이름은 여전히 기억나지 않지만

새로이 트인 여울목 따라 허연 흙 한 줌을 뿌려 가만히 보내버립니다

2021年

건

어지러운 하루 끝에
시린 마음만이 남아
애꿎은 하늘을 향해
푸념을 늘어놓는다

앙상한 발걸음을 내세우며
돌아가는 길
허물어 가는 집 하나가
눈꼬리에 스쳐 들어가 본다

반겨주지 못하는 마당은
말라 죽었는데
죽어버린 마당을 먹고
돋아난 작은 생기는

가만히 나를 보며
어여쁨을 흘려 보낸다

들이신 숨에 슬쩍 섞인 사랑에
시린 마음이 채워져
미소를 띤 채로 다가가
작은 생기를 뽑는다

집으로 돌아가는 길

마른 흙이 묻은 뿌리가 거슬려
꺾어버리고 보니
참으로 어여쁘다

시린 물이 담긴 작은 물병에
슬쩍 꽂아두니
참 어여쁘다

썩어가는 이파리 하나 떼어
떨리는 마음을 재워보지만

바스락거리는 소리가
방 안에 메아리쳐 울린다

아, 빛이 들어와 눈을 두들긴다

욱신거림에 눈을 뜨면
티끌만 날리겠구나 하고

자그맣게 숨 쉬던 것이
차갑게 날리겠구나 하고

작은 신음을 흘리며
축축하게 젖은 심장을
가만히 내려놓는다

        2021年 03月 12日

오늘 밤이 가진 서시의 의미

부끄럼이 없기를 바라든

한 사내의 괴로웠든 마음은

오늘에 물들어

이 밤을 흘러넘치게 했다

2021년 03월

한 사내의 부끄런 마음이 부러웠든 골방 속 글자들의 행렬

잠을 잘 수 없는 밤이면
깡깡 울리는 머릿속이 어지럽고
울렁거리는 뱃속이 뒤틀려도
시는 쉽게 써진다

보물 상자 속에 있든 글자들은
밤이 되면 상자 틈 사이로 몰래 빠져나와
컴컴한 바다 위를 둥둥 떠다닌다

손을 뻗어 눈에 잡힌 글자를 무심히 건져내
뚝뚝 떨어지는 물기를 탁, 털어내
아침 해에서 불어오는 바람에 말리면
시 하나가 써진다

잠을 잘 수 있는 밤이
노오란 빛을 반짝이며 찾아오는 날에는
무엇도 느껴지지 않아
눈이 보드랍게 감기지만

아침 해 아래 불어오는 바람을 맞이할
시는 보이지 않는다

파아란 하늘과 솜털 구름에 가려져
바다 위를 떠다니는 글자들도 보이지 않는다

잠이 들기 무서운 밤
그런 밤에
시가 쉽게 써지는 것은

축축하게 떨리는 글자들이
바닷물에 반짝거리기 때문이고

두려움을 잊은 밤
그런 밤에
시가 써지지 않는 것은

바다 밑에 숨겨둔 보물 상자를
잊어먹기 때문이다

죄가 무거운 밤이면
어지러운 머릿속은 깡깡 울리고

뒤틀려 버린 뱃속이 울렁거려도
시는 쉽게 써진다

2021年 01月 3日

유기

하늘에 구멍이 뚫려
비가 우수수 떨어지든 날

나는 유기되었다

사랑으로 보듬어줄 거라는 믿음은
심장에 푸르고 붉은 꽃을 그려냈고

지워지지 않는 자국들은
눈물에 씻겨나가지 못했다

하늘에 구멍이 뚫려
비가 우수수 떨어지든 날

내가 태어나든 날, 나는 유기되었다

2024年 07月 30日
午前 12時 27分

먹어 삼킨 오물

시간에 속도가 붙기 시작했다

희망을 야금야금 먹어버린 시간은
불려진 몸을 언덕 꼭대기에 두고
밑으로 굴려버렸다

꿈을 벌컥벌컥 들이킨 시간은
검은 안경을 쓴 채
달리기를 시작했다

내리막길로 데굴데굴 굴러가든 시간은
끝에 도착하지 못해
하염없이 굴러떨어졌다

까만 세상을 열심히 달리든 시간은
하얀 끈을 찾지 못해
지쳐 누워버렸다

'그런 세상은 오물이라'
말렸거늘

알고도 삼킨 오물에
시간은 불에 타
하얀 재가 되고

후- 불어버린 재는 날아
더 이상 움직이지 않았다

                                                   2021年 03月 06日

비명

날카로운 칼날에
새겨진 비명 소리를
헌 칼집에 쑤셔 넣는다

송송 뚫린 구멍 사이로
터진 실밥 사이로
새어 나오던 비명은

지나든 길에 본 들꽃 하나
아름다운 신사의 눈동자 하나
어젯밤 사랑했던 노래 하나를

날을 세워 넘넘한 얼굴로 베어버린다

새 칼집에 날카로운 비명을
다시금 쑤셔 넣어 보지만

금세 실밥을 터뜨리고

구멍을 송송 내어버린다

슬그머니 입꼬리를 올리며
칼날에 새겨진 비명을 꺼내

마중 오든 내일을
행복하게 베어본다

色

가을이 물든 땅 위에
따듯한 갈대밭이 휘청거린다

사방이 온통 가을 색인데
홀로 사랑에 빠진 갈대 하나가
혼자 어여쁘게 웃음 짓고 있다

어제 막 사랑을 시작한 빛깔은

툭, 건드리면 사르르 하고
흩어질 듯 약한 빛

그런 후세에 다시 화르르하고
피어오를 애틋한 색

휘청이던 이파리가
연약하게 흩어져도

다시 피어오를 사랑은 가을을 향해
뜨겁고 하찮은 마음을 흩뿌린다

가을이 물든 하늘 아래
그다음, 또 그다음

계절을 찾으러
쌀쌀한 마음이 휘청거린다

2021年 01月

소원

한 사나이는
바스라져 가는 오얏꽃을 피우지 못할까
마음을 괴로워하고

한 소녀는
여인이 되어가는 자신의 빛이 따사롭지 못할까
마음을 애달파하는데

그 모습을 지켜보든 옅은 숨은
쉬어져야만 하는 하루가 두려워 눈을 감지 못해
마음을 힘겨워한다

2021年 03月 30日
午前 02時 14分

글에 파묻혀 산다는 것은

글에 파묻혀 산다는 것은

숨을 쉬지 않겠노라는 어리석음과

무엇도 먹지 않겠노라는 굶주림과

손에 든 펜으로 심장을 찌르고 갈라

꺼내겠노라는 잔혹함으로

살아가고자 하던

투명한 다짐이기에

2021年 03月 30日

머리 무게

거울 속에 멀뚱히 서 있는 안쓰런 몸은
덕지덕지 붙어 있는 살 때문에 모났지만

정작 살아 숨 쉬는 것은
맨 꼭대기에 우뚝 자란 머리뿐

그렇기에 모난 몸뚱아리는 무게가 없고
살아 숨 쉬는 머리만 무겁다

누운 몸을 일으키기 힘든 것은
머리 무게에 몸이 짓눌렸기 때문이고

갓 태어난 송아시마냥 몸을 바들거리는 것은
무거운 머리 무게에
몸이 화들짝 놀랐기 때문이다

거울 속에 멀뚱히 선 더러운 몸뚱아리는
살이 덕지덕지 붙어 있어 모났지만

살아 숨 쉬는 유일한 죄는
모난 몸뚱아리가 부러운
무거운 머리뿐이다

           2021年 03月 30日
            午前 02時 08分

착각

내 것이라 생각했든 시간은
꽃이 질 때쯤 보니

늘 나를 제치고
홀로 앞서 있었다

늘 나를 기다리지 않고
홀로 나아가고 있었다

시간이 나일 것이라 여기던 마음은
꽃이 필 때쯤 보니

무력한 나의
나약한 착각이었다

2021年 03月 30日

글자 단어 문장

글자 단어 문장

글자 단어 문장

글자 단어 문장

탄생 인생 운명

           2021년 03월 27일

실명

부제: 내가 그림을 그리지 못하는 이유

앞이 보이지 않는다

하늘색 하늘이 보이지 않고
붉은빛 동백꽃이 맡아지지 않는 나는

실명(失明)했다

어릴 적 뛰놀던 세상은
무지갯빛 풀들이 무성하게 자란 땅과

푸른 바다마냥 넓은 하늘에 등을 대고
둥둥 떠다니던 하얀 구름과

꽃가루에 작은 사랑을 묻혀
흩뿌리던 검은 나비가 팔랑거리는
예쁜 정원이었다

일 년이 지날 때

태초의 빛이
무성하든 풀들을 먹어 버렸다

일 년이 다시 지날 때

광활한 바다에서 길을 잃은 구름은
녹아 사라져 버렸다

칠 년이 지날 때

흩뿌리던 사랑이 바스러진 나비는
팔랑이든 바람 짓을 멈춰 버렸다

마지막 일 년이 지날 때
무지개 정원이 빛을 잃은 날에 나는

실명(失明)했다

2021年 03月 27日

일기

나의 글이

지금은 아주 작은 지하 단칸방

그보다 더 작은

주홍빛 가루에 의지하여 살아가지만

언젠가 이 글이 세상을 비추어

언젠가 괴로웠든 사나이의 글처럼

반짝이기를 감히 바라본다

괴로운 마음 오늘에 물들었듯이

나의 글이 내일에 물들기를

감히 바라본다

2021年 03月 27日

심해, 숨 막힘

준비

봄이 오기 전에

하고픈 것이 많으니

어서 봄을 맞이해야겠다

                              2021年 03月 27日

기름때

기름때가 뇌 주름을 메우는 밤

생각이 많아지는 것인지
미처 빠지지 못했든 언어들이
둥둥 떠오르는 것인지
알 수 없는 밤

닦이지 못한 기름이
타고 또 타들어 가다
새카만 기름때가 되어 굳어버리듯이

미끌거리는 생각의 찌꺼기들은
타고 또 타들어 가다
뇌에 달라붙어
주름 사이를 메우고는

새카만 언어가 되어버린다

2021年 03月

남자의 얼굴

기척 없이 누워 있든 몸을 일으켜 세우면
마주하기 싫은 거울 앞에 앉게 된다

그 속에
비치는 내 얼굴 속에
나는 없고 그녀도 없다

낯선 이의 얼굴은 그 몰골이 흉측해
방 안을 맴도는 비명을 어지럽게 튕긴다

튕기든 비명이 거울을 한 번
낯선 얼굴 한 번을 번갈아 쳐대면

피부는 재가 되고
턱 한 쪽은 찌그러진다

살 속에 묻혀 있든 눈은 뒤집히고
찡그린 눈썹 우에 이마는 갈라져 찢긴다

입술이 퉁퉁 부어오르다 터지고
입꼬리와 함께 살가죽이 녹아내리면

조용해진 방 안에 이불을 펴고
기척 없이 몸을 뉘인다

2021年 05月 20日
午後 08時

공황장애

등골이 오싹해지면 시작된다

맥박이 마구 뛰어오르고

숨이 차올라 헉헉거린다

당장이라도

심장이 멈출 것 같은 뻐근한 고통과 함께

죽음이란 공포 앞에 나약하게 던져진다

손가락 마디 마디부터 모든 신경이

바들거리기 시작한 지 얼마나 지났을까

당신이 도착할 때 즈음에는

지쳐 쓰러질 뿐이다

2024年 07月 30日
午前 12時 17分

죽고 싶다고 생각했다

새카만 하늘 밑에 잔잔히 흐르는

새카만 바다 아래 깊숙한 심해에

푹 잠겨 죽고 싶다고 생각했다

흐르는 물살에 여기저기 떠밀려

요동 없이 가라앉기를 바라고 보니

나는 이미 죽어 있었다

2021年 03月 19日
午前 01時 03分

4.
살아가고자

당신이 쏟아부은 오물을 치워보려고 발버둥 친다

미안한 마음의 방향이 어디를 향해야 하는지 알고 있다

다만 그것이 나의 인생을 부정당할 만큼의 죄라 할 수 없다

이런 내 마음이, 본능이 그저 악질적인 욕심이라 어느 누가 말할 수 있을까

나의 선이 당신의 악과 부딪힌 것을 누구의 잘못이라고 말할 수 있을까

당신이 건넨 '나의 죄' 속에는 오랜 시간 당신이 수많은 사람에게 받은 아픔이

어지럽게 섞여 있다는 걸 스스로 알지 못한다

모든 슬픔의 책임이 내게 있을 정도로 '나'는 의미가 있었던가

나의 과오는 사라지지 않기에 어떠한 변명도 죄를 포장할 수 없다

 그럼에도 나의 과오에 붙인 변명이 나의 영혼을 지킬 수 있는 수단이라면

 나는 기꺼이 변명으로 나를 감쌀 것이다

 그리고 온전히 나의 죄만을 부끄러워할 것이다

 당신에게 악이 되어버린 나의 선을 자책하며 나를 죽이지 않을 것이다

 나를 위한 비겁함이 당신을 힘들게 했다는 사실만을 속죄할 것이다
 이런 마음이 역설적이고 가증스러운 거짓이라면

 나는 거짓된 진실함으로 호흡하며 모순된 세상을 거꾸로 살아갈 것이다

 모순된 세상에 태어나 거짓을 먹고 입고 배우며 자란

가증스런 나는 더욱이 진실만을 쫓아 살아갈 것이다

이것이 나의 속죄다

2021年

심해, 숨 막힘

유언

노래하고 연기를 하며 살고 싶습니다

우스꽝스런 몸으로 하나의 아름다움을 표현하고 싶습니다

이런 마음은 내게 숨을 쉬는 것과 같습니다

비유를 위한 과장된 표현이라는 생각은 큰 오해입니다

살기 위해 숨을 쉬듯이 살기 위해 표현하렵니다

숨을 쉬는 이유를 표현하기 위한 것입니다

그렇게 살지 않아도 잘 살아왔다 생각이 들 수도 있습니다

나는 누군가의 손녀로, 조카로, 친구로 살기 위해 연기해 왔을 뿐

'나'는 어디에도 없었습니다

'나'로 살아왔지만 '나'를 잃어버렸습니다

우리는 모두 살 수 있는 만큼의 노력을 기울이며 살아갑니다

나 역시 살기 위해 노력하며 살아가고 있습니다

이런 나의 숨을 막는 것은 가볍게 또는 무겁게 던지는 웃음입니다

나의 괴로움을 자꾸 흘리게 하는 것은 작은 찌꺼기입니다

쌓이다 보면 스스로를 비웃게 만들고 죽이며

살아 있음의 가치를 없애고 작은 행복을 터뜨려 버립니다

남기고픈 이 말은 숨을 쉬고자 함입니다

살아보지도 않고 숨을 포기하는 죽음이 되지 않도록

내가 살기를 바라주시길 하는 마음으로

심해, 숨 막힘

간절한 마음으로 쓰는 나의 유언입니다

2021年 07月 10日

눈동자
부제: 윤동주

밤하늘을 올려다보며 괴로웠든 사내의 눈에도
별이 나린 언덕이 아름다운 이유는

별이 빛을 내도록 곁을 내준 태양과
빛을 반짝이게 하는 어두운 하늘과

이 모든 것을 지켜보는

풀,
귀뚜라미,
짐승들,

그리고 한 사내의 눈동자가 있었기 때문이겠지

한 사내의 눈동자가 별 나린 언덕을 담고 있기 때문이겠지

2021年

시린니

이빨 사이사이 시려 올 때면

울망거리는 눈동자를 들고

글자 속으로 도망친다

아작아작 이빨을 씹어대는 통증에

단내 나는 단어가 섞인 주사를

글자 사이에 찔러 넣는다

끈적이는 풀로 이어 붙인 아픈 잇몸이

딱딱하게 굳고 거칠게 깨질 때쯤이면

기다란 문장에 몸 싣고 종착역에 내린다

2021年 07月 09日
午前 02時

설움

이 밤의 눈물이 아깝지 않은 것은
내가 살아 있기 때문이다

숨을 쉬기 위한 나의 발버둥이
어찌 헛될 수 있을까

마음껏 쏟아내어 큰 바다를 만들어야지

목을 뜯어 아가미를 만들고
물속에 잠겨 자유롭게 숨을 쉬어야겠다

살고자 하는 나의 몸부림은
괴로움이 아닌 행복이니까

내 슬픔을 믿고 계속 울어야겠다

아깝지 않은 이 밤은
흘린 눈물이 만든 행복이니까

2021年 07月 11日
午前 12時 24分

행복

바다 깊숙이 들어가 짙푸른 물을 헤치는 상상을 해본다

발장구 한 번에 푸르르

숨 한 번에 푸르르

바다는 간지럼에 꺄르르 웃는데 저 끝을 향해 움쩍거리던 커다란 늙은 고래는 허우적거리며 지느러미를 찾는다

제 지느러미를 잃어버린 고래가 있으랴 하면서도 어쩐지 손이 없는 나와 같이 뵌다

쪼끄만 물괴기들은 지느러미 잃은 고래를 작은 눈으로 힐긋, 작은 입술로 불긋거린다

나는 고만고만한 입술을 빠끔거리다 얄팍한 거품을 '퉤' 내뱉어 고래 배 밑에 숨어 있든 지느러미를 찾아준다

헤엄칠 수 있게 된 커다란 고래는 큰 소리로 울면서 한 바퀴 데굴 구르고 파도를 만든다

나는 비어버린 고래 배에 찰싹 달라붙어 먹이들로부터 숨어버린다

더 깊다가도 더 화사한 바닷속을 꼬리를 휘청거리며 유유히 헤엄치는 고래에 달라붙어

나약한 거품 몇 번 뱉어 내고 거저 얻은 자유에 커다란 고래보다 무거워진 몸을 바다 끝에 흘려 보낸다

2021年 07月 22日

거미줄

창살 사이 사이를
은밀하게 메꾼 거미줄이

새가 지저귀는 날에

바람을 노래 삼아
햇볕을 조명 삼아
살랑살랑 춤을 춘다

방 안으로 몸을 뉘일 때 한 번
바깥에 정갈하게 놓인 붉은 군중들에게 한 번

은색 빛깔로 한 번
허연 빛깔로 한 번

반짝반짝 빛을 뿜어낸다

그러다 햇볕을 들고 있든 구름이

조명을 잠깐 내려놓고 쉼을 취하면

따스한 몸 그림자로 덮어버리고
존재를 슥 감추어
내 눈을 애달프게 만든다

그러다 구름이 다시 조명을 들어
햇볕을 저 창살에 보내주면

거미줄은 살랑살랑 춤을 추고

은색 빛깔로 한 번
허연 빛깔로 한 번 반짝이며

내 웃음을 박수 삼아
휘이 날아간다

2021年 06月 16日

로맨스

좋아하는 마음은
좋아하지 않을 수 있는
가능성을 남겨둔 마음

호감을 잃게 되는 날에
그날에 버릴 수 있는
산뜻한 마음

사랑하는 마음은
숨 쉬며 걸어왔든 지난 길
지금 걷고 있는 길
앞으로 숨결을 내뱉을 길에

그 모든 길에 새겨진
눈물과
보조개와
주름으로 가득한 마음

사랑하지 않을 수 없는 마음

사랑하지 않겠노라는 마음은
그 마음 버릴 수 없기에

지금 서 있는 길에 고이 내려두고
앞으로 걸어가겠다는 다짐

슬쩍 뒤돌았을 때
눈에 한 번 담고
다시 걸어가겠다는 다짐

숨결을 잃는 날에도
그날에도 버릴 수 없는
가장 무거운 마음

2021年 06月 07日

無題(무제)

궁지에 몰린 쥐새끼 한 마리가
슬그머니 다가오는 뱀을 향해
하악질을 해보지만

능구렁이는 기다란 혀만 날름거리며
파르르 떠는 쥐새끼를 농락한다

작은 손과 발로 버둥거려봤자
하찮은 숨을 헐떡여봤자

한입에 들어가 죽어버릴 녀석은
커다랗게 벌린 입에 들어가
깨끗하게 삼켜진다

삼켜지는 순간에도
어째서인지 정신을 말짱하고

더러운 뱃속에서

치익- 소리를 내며
녹아가는 자신을 본다

살가죽이 녹고
연결된 핏줄들이 하나하나 녹고

뼈 녹아가는 모든 순간을
순결해지는 순간을
하나도 빼놓지 못하고 느껴버린다

능구렁이의 뱃속에서 녹아버린 쥐새끼는
뱀의 혈관에 빨려 들어갔다
살가죽이 되었다

허물로 벗겨져서야
겨우 빠져나오지만

이미 죽었다는 걸 아는 쥐새끼는
희미하게 남은 숨결에
답을 하지 않는다

2021년 06월 07일

바람

꿈을 꾸었다

한 사람과 함께
숲길을 거닐고
웃음을 나누며
행복했든 꿈을 꾸었다

꿈에서 깨었다

헐어버린 기억들은
무너져가는 사람들 사이에 섞여
손발톱을 뽑아버리고
미소 띤 모가지를 잘라버렸다

꿈속에 갇혀버리길 바라든 밤에
웅크린 눈물을 한 줌 삼켜본다

2021年 06月 07日

달그림자

달을 헤엄치는

고래 같기도 하고

천사 같기도 한

어두운 그림자는 밝게 빛난다

밝게 빛나는 그림자에

비춰진 나의 얼굴은

어째 거멓게 칠해져 있다

2021年 06月 07日

잡음

 메스꺼운 손이 새끼손톱만큼 작은 돌멩이 하나를 툭 던졌다

 하얗게 눈이 쌓인 언덕 우에서부터 찬찬히 구르기 시작한 작은 돌멩이는 눈가루를 여기저기 묻히며 언덕 아래로 동글동글 내려갔다

 온몸을 덮은 눈가루는 친구들을 불러모아 작은 돌멩이를 숨겨버리고는 노래를 부르고 춤을 추고 악기도 연주하며 커다란 잔치를 은밀하게 즐기면서 언덕 아래로 들썩들썩 내려갔다

 한없이 굴러가다 언덕 맨 아래서 멈춰버린 덩어리는 그 시작이 돌멩이였다는 것을 알 수 없을 정도로 커다랗고 하얀 눈덩이가 되어 입구를 턱 막아버렸다

 아무도 그 속에 있는 것이 작은 돌멩이라는 것을 알지 않았다

눈덩이를 향해 뜨거운 물을 붓고, 침을 뱉고, 발로 밟아 없애려고 하지만 추운 겨울 속에 우뚝 멈춘 덩어리는 꼼짝도 하지 않았다

하루가 지나고 한 달이 지나고 두 달이 더 지나 초록 잔디가 솟아나는 봄이 와서야 입구를 막고 있든 놈은 사륵 녹아 없어져 버렸다

그 자리에 커다란 눈덩이가 있었다는 사실을 기억하는 사람조차 사라져 버렸다

덩어리 속에 숨겨져 있던. 언젠가 메스꺼운 손에서 툭 던져졌든 새끼손톱만 한 작은 돌멩이는 자신을 기억하든 모든 것이 사라진 봄이 되어서야

초록 잔디 속에 파묻혀 따사로운 햇볕을 쬐며 바스라져 간다

2021年 06月 07日

죄책감
부제: 하루

하루를 버텨냈다는 기특함도 잠시

하루를 살았든 옆집 바둑이와
하루를 살아낸 담벼락 나비와
하루를 살아간 윗집 오라비의 마음이

바들거리든 나의 걸음과는 너무도 달라서
부끄러움에 고개를 숙이고

기특함을 꿀떡 삼킨다

2021年 05月 30日

바스러진 낙엽

푸석한 하늘 밑

사륵거리는 낙엽 소리에

뒤를 돌아보니

너는 죽어 있었다

너의 첫 번째 죽음이었다

2020年 10月

눈물의 모냥

모두가 손에 꼭 쥐고 사는 물방울
연약하게 뿜어내는 맑은 빛이 애틋하다

꼭 쥐든 손을 풀어 물방울을 슥 내밀면

짝지였든 남자애 하나가
자기 것을 조금 떼어다
얼음에 굳힌 푸른 보석을 목에 걸어주고

손 잡아주든 어머니는
내놓은 것을 조금 떼어다
더 큰 물방울에 더해 놓고 끌어안는다

언젠가 좋아했든 양 갈래 소녀는
옆 동네서부터 소포를 부쳐
고 작은 봉투에 자기 것을 통째로 넣어 보내온다

그러다

별똥별 하나가 하늘에 뚝 떨어지는 밤이면
고것이 물방이 되어버린 날이면

삐쭉빼쭉 한 모냥이 모나게 생겨
바람의 손을 잡고 춤추든 나뭇잎도
요 물방울엔 눈길을 한 번 주지 않는다

나는 강 건너편을 한 번
고개를 돌려 옆을 한 번
눈을 감고 마음을 한 번 보고 나서

작은 물방울 하나를 뚝 만들어 한 손에 숨기곤

어두운 동산에 혼자 몸을 뉘어
다른 별똥별이 떨어지기만을
내 물방울 가슴에 꼭 쥐고 작게 읊조려본다

2021年 09月 22日

회구름

몸에서 힘이 빠져나간다
어딜 가려나 하고 봤더니

자꼬 자꼬 올라가
춤을 추며 날아가

구름이 되려 하는구나

찰랑이든 내 몸속 개울
여울목이 톡, 터지면

물줄기를 시원하게 흘려 보내
머리 우에 회구름 만들어낸다

가벼워진 몸을 주저앉히고
하룻밤 자고 일어나면

잠깐 외출했든 것들이

회구름 되어 다시 나를 적시려고
다시 나를 적시려고

손으로 잡을 수 없는 곳에서부터
내 눈망울 타고 내리겠구나

                                          2021年 10月 04日

아침—

묻지 못할 말들만
잘근잘근 씹어본다

혀로 한 번 굴려보고
입천장에 철썩 붙여보고
혀 밑에 숨겨보고
목구녕 아래로 넘겨버린다

그러다 슬금슬금 겨 나오면
어금니 사이로 스며들어

혀 우에 뚝 떨어지고
다시 굴리고, 붙이고, 숨기다
찾을 수 없게
불 속으로 툭 뱉어버린다

2021年 10月 04日

그림

원고지 칸 칸마다 그림을 새겨본다

정사각형 도화지 한 칸에
눈 바깥의 풍경을,

그다음 정사각형 도화지 한 칸에
눈 안쪽의 초상을 그려 넣는다

다시, 비어 있는 원고지 마지막 칸에
정성스레 점을 찍어 내리고

슬쩍 새는 검은 보름달 안에 서명을 묻는다

2021年 10月 21日
午前 02時 10分

십 이 월

꼼짝 않고 뉘인 몸
그 속에 십이월의 추위가 기어다닌다

바닥서부터 등 전체로 빨려 들어가
심장박동 한 번에 튕겨져 나간다

튕겨 나간 한기가
이번에는 가슴팍에 품기다
따듯한 온기 이기지 못해
등 뒤로 흘러내린다

세찬 숨소리에
뜨건 입김이 한 번, 두 번
몽글거리며 뭉쳐 올라가
뛰놀든 한기를 꿀떡 삼킨다

또 어디서 들어왔는지
십이월의 추위는 줄곧 몸속을 기어다닌다

가만히 생각해보니

아, 아아
내 심장이 힘차게 만들어내고 있구나

           2021年 10月 10日

귀환

낙엽이 질 새 없이 떨어질 때면
돌아올 수 없는 자들의 귀환이
내 앞에 그려진다

찬 바람에 아랑곳 않고
거대한 햇볕이 내리쬐는 길을
발걸음에 행복을 피우며 걸어온다

여인이 피워낸 행복을 한 번
아버지가 피워낸 행복을 한 번
지르밟고 다가오면

나는 꿈에서 한 번 깨고
다시 꿈에서 두 번 깨어
걸어오든 귀환자의 손을 끝내 잡지 못한다

그가 보여주는 미소는 첫 번째 꿈속에
내 입가에 피워낸 행복은 두 번째 꿈속에

향긋한 꽃잎은 닿지 못할 저 길가에 두고

떨어진 낙엽이 사라질 때면
마지막 환송을 끝내고
찬란한 귀환 길에 올라야겠다

2021年 10月 18日

놀이터

깊은 밤
어둠으로 숨 쉬는 아이들이
뛰쳐나오기 시작한다

어른들이 깰라
조용히, 허나 맑게 웃는 아이들은
조그만 불꽃을 데리고 논다

땅따먹기,
숨바꼭질,
그네를 태우며 놀아주니

어둠이 키워낸 밝은 불꽃이
아이들을 잡아먹기 시작한다

하나를 꿀꺽 삼키니
잠든다

둘을 꿀떡 삼키니
잠든다

어둠으로 숨 쉬든 아이들이
불꽃에 삼켜져 잠드니

깊은 밤은 물러나고
아롱진 빛깔들이 눈 뜨는

티끌로 숨 쉬는 어른들의 시간이 시작된다

2021年 10月 16日
午前 10時 02分

바위

길가에 덩그러니 놓인 바위가 있습니다

아무런 존재감이 없는 바위는

지나든 개의 오줌을 맞고

지나든 부부의 말다툼을 듣고

교복 입은 학생들이 동무를 괴롭히는 모습을 봅니다

엄마에게 두 손이 붙잡힌 아이가 있습니다

아빠의 손은 아이의 얼굴에 분홍 꽃을 그려내고

아이의 옆구리에 풀밭을 그려내고

아이의 엉덩이에 넓은 바다를 그려냅니다

알록달록 색이 칠해진 아이의 눈은

광택 없는 바둑알같이 까맣고 하얗습니다

다리가 없어서, 팔이 없어서 피하지 못하는 바위 우에

아이는 작은 엉덩이를 걸쳐봅니다

2021年 01月 04日

죽음의 문턱 앞에서

죽음에 가까워질수록 심장이 까매진다
몸속에 흐르는 피가 까매진다

차가운 밤을 데우는 작은 모닥불같이
죽음의 온기가 나를 덮친다

손끝을 스치는 것만으로
삶이 줄 수 없는 따듯함을 주는 거먼 놈은
닿지 않는 저 건너편에서 나를 기다린다

웃음기 어린 햇볕에 얼어붙은 몸을
거먼 잉크로 녹여본다

살아가는 붉은 눈꽃을
죽어가는 까만 불꽃으로 녹여본다

거먼 온기
거먼 죽음

2021年 01月 02日

블루홀─

바다에 풍덩 빠져볼까
생각하기도 전에 떠밀려졌어

파아란 세상 싱그러움에
마음이 울렁 울어버렸어

조금 더 깊이 내려가 볼까
나를 반겨줄 무언가 있을 것 같아

두 손을 뻗고 발장구치니
자그마한 친구들 나를 반겨주네

2020年

블루홀二

살랑이든 날개는 뺨을 스쳐 가고
작은 입술이 살짝 포개어질 때

푸른 빛 세상 따사로움에
사랑이 내려 젖어버렸어

시원한 물살에 휩쓸려
따스한 바다에 잠겨

가라앉는 두려움 따위 몰라

깊은 어둠 속으로
빠져들고 있지만

난 너만 있으면 돼
파란 세상 외롭지 않아

바닥이 일어나서

살짝 흐르는 식은땀을

닦아줘 난 그거면 돼
차가운 기억 속에 잠겨

2020年

5.
―――――――
삶

바다

작은 물결이 군중이 되어 파도를 만들고
파도가 모여 넓은 바다가 된다

인파가 적은 곳이면 조금 덜 파랗고
인파가 많은 곳이면 조금 더 파랗다

유독 물살이 거세 파도가 큰 쪽을 자세히 보면
깊은 푸른색에 빨려 들어갈까 두렵다

눈 한 번 비비고 다시 펼쳐진 바다를 보면
물결들이 득실거려 시끄럽고 푸르르다

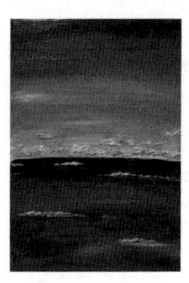

2021年 11月 11日
강원도 속초 등대 바다에서
午後 02時 49分

네가 있었다, 그곳에 나도 있었다

붉게 물든
단풍잎이 있다
그곳에 네가 있다

불어오는 바람에
단풍잎이 떨어졌다
그곳으로 내가 떨어졌다

수없이 밟히고 찢어졌다
설령 그 발이 너의 것이라 해도
기꺼이 몸을 맡겼다

붉은 잎이 삭막하게 변해
온데간데없이 사라졌다
이젠 그곳에 너는 없다

형체도 없는 붉은 마음만이 남아 있다

2017年 10月 11日

폭포

이름 모를 슬픔이
범람한 강물에 휩쓸려
떠내려간다

누구의 마음대로
하늘빛은 어둑해지고

갑작스런 슬픔은
떠내려간다

누구의 마음도 애통한가 보다

구멍 난 하늘은 눈물을 멈추지 않고
불어난 강물은 흐름을 멈추지 못한다

떠내려가다가 가다가 나뭇가지에 걸리려나
버티지 못하고 똑 부러진다

돌부리에 부딪혀 넘어지면 멈추려나
돌은 키가 작아서 물을 못 넘어간다

절벽은 두려움이라
잠깐도 뜸 들이지 못하는데

아래로 떨어지는 슬픔은
몸을 버둥거리며 운다

2021年 11月 29日
午前 11時 51分

십일월 육 일의 오후

무더운 11월의 하루
그림자도 생기지 않아
글자들이 도망갔다

다들 어디로 숨었는지
머리카락 숨긴 자음도
목소리 큰 모음도
꼬리 긴 받침도 보이지 않는다

시를 쓰고 싶건만
그림자 뒤에 몸을 감추고
나와 숨바꼭질하자
조르는 아이들이 사랑스러워

손으로 빛을 만들어
한 글자 두 글자 찾아내
종이 위에 올려 태운다

2021年 11月 06日
午後 01時 19分

바람二

바람은 머무르지 않는다
한 번 왔든 자리에
두 번 다시 오지 않는다

잡으려고 나오면
끝내 흩어지는 바람에
나는 모든 것을 떠나 보낸다

공허하게 남아 버린
이곳을 무시한 채
바람은 다시 떠나 버린다

2017年 12月 01日

자격증

자격 없는 사람들 중에
가장 자격 없는 나는 설 곳 없네

다른 이들과 시선 끝이 달라
속할 수 없는 나는 설 곳 없네

누군가의 사랑이란 마음이 닿지 않는
외로운 나의 삶 어두운 나의 길에

살포시 내린 작은 빛의 따스함이
외로움에 얼어버린 마음을 녹이고

빛을 잃은 영혼에 작은 불씨를 피우네

2021년 03월 07일

실수

이제는 보지 못하는 그리운 얼굴들이 있다

하지만 보고 싶지는 않다

각자 자신의 길로 나아가 더 이상 보이지 않는 사람들이기에

보고파 하는 의미가 없다

다만 여느 때와 같이 혼자가 아니었으면 하는 마음이다

외로움에 사로잡히지 않고 싶을 뿐이다

함께 있고픈 사람과 함께할 수 없다는 비참함이 싫을 뿐이다

하지만 곧 깨달았다

내가 외로운 이유를

근본적으로 나와 다른 사람들을 사랑하려 했기 때문이다

그들은 나와 다르다

이렇게 생각하면 한도 끝도 없지만 깨달은 것을 번복할 수는 없다

나와는 다르게 인기가 많고, 나와는 다르게 상냥하고, 나와는 다르게 성숙하다

성숙하다고 자부했던 나는 어느덧 아이가 되어 있었다

어린아이가 되고 싶었는데 막상 되어보니 또 이런 내가 마음에 들지 않는다

이것 역시 세상의 기준에 나를 빗대어 보고 있기 때문일까

알면서도 나는 세상에 휩쓸린다

내가 살아가고 있는 세상은 나를 사랑하지 않는다

나는 세상을 사랑하려 하나 그것이 허락되지 않는다

그러면서도 문득 떠오른다

세상은 신의 나라와는 다르다

나는 내가 신의 아이라고 자부하면서 계속 세상을 쫓고 있다

복잡하다

사랑이 무엇인지 더 이상 알 수가 없다

그래서 실패한다

희생으로 사랑하는 방법을 배우고 싶다

그렇게 성공하고 싶다

나를 위해서

한순간의 실수가 모든 것을 망친다

하지 않아도 될 것을 했고 하지 말았어야 할 말을 했기에 나는 많은 것을 잃었다

아니, 버렸다

관계를 스스로 망쳐갔다

나의 마음을 다치게 했다

다른 이의 마음 역시 다치게 했다

물론 언젠가는 나을 상처들이기에 생각보다 큰 구덩이는 생기지 않겠지

그럼에는 우리는 '언젠가'가 아닌 오늘을 살기에 공허함을 이겨내지 못한다

2018年 09月 27日

사랑

나는 맞지 않는 옷을 입으며 배려라는 이름으로 자신을 아프게 했다
그러지 않아도 되는데 굳이 그러고 싶다 생각했다

그것이 나의 사랑의 방식이기에
희생이 나의 사랑의 방식이기에

사랑이 무엇이냐 물을 때면
나는 언제나 복잡한 생각 없이
당연하게 '희생'을 외쳤다

허나 그것은 하루아침에 되는 것이 아닌데
나는 뭐가 그리 조급했을까

당연히 해야 마땅한 것이라 믿고 행했으나
당연히 하지 못하는 것이라 깨달았을 때에는

이미 나를 수없이 채찍질하고

끔찍한 상처만 남겨졌을 어느 날이었다

사랑은 희생이 아니다
인간이 자신답게 살아갈 때 비로소 사랑이 완성되는 것이다

자신의 향기를 찾아 그에 걸맞게 살아갈 때
인간은 무엇이든 할 수 있는 존재가 된다

2019年 06月 22日

얼룩진 보혈의 길에 펼쳐지는

바다가 갈라진다
그리고 멈춘다
누가 바다를 갈랐는가

누구를 위해 갈랐는가

저기 이어지는 길
그 시작과 끝에
뿌려진 피는 누구의 것인가

누구를 위해 뿌려졌는가

모든 이야기

그 시작과 끝에
중심에 서 있는 십자가는
누구의 것인가

누구를 위해 세워졌는가

십자가를 붙들고
그 피를 뿌리고
바다를 가른

의로운 오른손은 누구의 것인가

누구를 위한 의의 손인가

얼룩진 보혈의 길에 펼쳐지는
모든 이야기
모든 기적이

너를 위한 것임을 믿는가

2019年 10月 27日

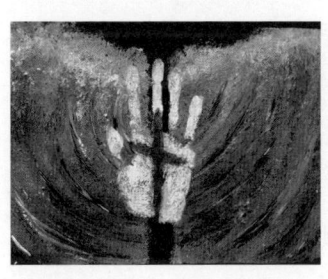

푸른색이 새로운

혼자가 된 것 같은 밤사이,
나는 존재하지 않는 사람의 삶을 보았다
결코 예술이라 인정할 수 없는 삶이었다
보는 내내 찌푸려지는 그런 삶

하지만 마음은 달랐다
어느 때보다도 동요하고 있었다
같은 인생을 써 내려간 글을 읽었다
아무도 없는 곳에서 나는 혼자가 되었다

의식은 알 수 없는 곳으로 빨려 들어갔고 나는 주체할 수 없이 두근거렸다

순간 파르르 떨리고 뇌는 두개골을 때리고 있었다
사이로 들어오는 파란 빛은 내게 아침을 알려주었고
나를 부르고 있었다

나는 아침의 부름에 응답했다

남은 시간 고작 25
오래 있을 수 없음을 알면서도 무언가에 이끌린다
그것이 아침인지 나의 의식인지 저 풀들인지 모르겠다

누군가가 이쪽으로 오라며 외친다
나를 막아주는 돌덩이 하나 없이 나 있는 데로 흘러가는 물처럼 흘러갔다
찬바람과 함께 흘러갔다
나는 마침내 나의 세계에 도착했다

2020年 04月 22日

정당성

 죄의 크기를 정해 누군가를 '비판'이란 이름으로 비난하는 것은 인간의 오만한 본성에서 시작된다

 아직 죽지 않은 자의 인생은 한 날의 악행 또는 한 날의 선행으로 선과 악을 판단할 수 없으며 죽어서도 판단하지 못하는 것이 마땅해야 한다

 하지만 사람들은 전체를 보는 것을 가장 귀찮아한다. 이는 인간의 게으른 본성에서 비롯된다

 전체를 무시하는 이유는 어떤 일의 중심이 '나'가 아니기 때문이다. 따라서 너무도 쉽게 판단하고 휙 던져버린다

 자신의 인생을 일대기로 작성해 보면 어느 날은 누구보다 선한 일을 했을 것이다

 또 어느 날은 용서를 구해야만 하는 악행을 저질렀을 것이다

하지만 무엇이 옳고 그른 일인지는 본인이 가장 잘 알고 있어야 하고 본인만이 잘 알고 있음이 마땅하다

물론 기억에 없는 일들도 있을 것이다. 그렇기에 불완전한 인생이고 그렇기에 함부로 판단하고 비난하고 나아가 비판할 수도 없다. '나'에게는 누군가를 비판할 자격이 없는데 정죄, 비난, 판단의 자격이 있나?
결코 죄를 따지고 판결할 자격을 갖고 있는 '나'는 세상에 존재하지 않는다

그럼에도 '나'는 매일같이 누군가를, 어떤 일의 선과 악을 따지고 판결하려 든다. 오만과 게으름으로 '나'들의 매 순간을 난도질한다. 돌이켜보면 부끄러운 짓을 한다

하고 또 한다

시간이 흐를수록 나의 악행은 늘어갈 뿐이다

2021年 02月 24日

신발 끈

언젠가 신발 끈이 풀릴 때가 온다
신발 끈이 풀렸을 때면 그저 다시 묶으면 그만이다
언제든 다시 묶으라고 풀리는 거니까

이 단순한 사실이 어렵게만 느껴지고
나를 주저앉히는 것은
신발 끈이 풀리는 걸 용납하지 못하는 나의 시선 때문이겠지

묶은 리본이 마음에 안 들어서,
신발이 조금 커서,
더러워진 신발을 깨끗이 하기 위해서

신발 끈을 풀어야 할 이유는 많고
나는 신발 끈을 묶기만 하면 된다

신발 끈이 풀리는 것은
언제든 다시 묶으면 그만이라고 말해주기 위해서니까

2021年 10月 15日

종이와 펜

나도 글을 써볼까
손가락을 튕긴다

글자들은 바닷속을 헤매다
이내 끓는 물처럼 증발해버린다

흐르는 핏방울을 벗 삼아
다시 글을 써본다

막혔든 숨통이 터진다

다시 태어나 글을 써볼까
나도 글을 써볼까

2023年 02月 19日

썸

서로가 시험대에 올랐다
어느 한쪽으로 치우치면
떨어져 죽을 수도 있는 시험

손끝이 닿을 듯 말 듯
손끝에 맺힌 땀방울 하나에도
긴장을 놓지 않고는

잡고 살까
놓고 죽을까

아슬아슬 서 있는 우리의 시험대

2023年 06月 19日

손

꼭 잡아주든 그 손
꼬옥 잡은 손

차갑든 손에 온기를 전해주든 그 손
커다랗든 그 손

놓을 수 없든 그 손
속삭이든 그 손

그리운 그 손

2023年 11月 09日

뻘

너희는 다 갔는데

작은 미련만 뚝뚝 남아

저 넓은 뻘을 거닌다

2023年 11月 13日

너를 잃을 뻔했다

이별이 다가온다
삼킬 수도 뱉을 수도 없는
이별이 내게 온다

칼 끝자락에 쥐어진
작지만 밀도 있는 땀방울
툭 떨어지는 순간

우린 어디에 있게 될까

삼킬 수도 뱉을 수도 없는
저 별이 되어
나를 반겨줄 것인가

공백을 넘어 이어진 운명
이어간 채
이별을 삼킬 것인가

2024年 05月 04日

けむり(연기)

자욱한 담배 연기

한 숨 뱉으며 내뱉는 나의 꿈

두 숨 뱉으며 내뱉는 작은 나

세 숨 뱉으며 내뱉는 죽음

2024年 06月 07日

악몽

질척거리는 새벽의 울림이
모든 것을 토해내고

질척거리는 아침의 고동이
모든 것을 주워 담을 때면

선명해진 기억 언저리에
뇌창이 박힌다

2024年 07月 02日

환상

환상과 현실
그 어느 즈음을 지나갈 때
당신은 깨닫게 한다

환상이 아니라고

꿈에 쫓겨 손이 바들거릴 때면
꿈에서 깨어나도 손이 바들거릴 때면
당신은 깨닫게 한다

꿈이 아니라고

내가 본 모든 것들은
내가 감각적으로 느낀 모든 것들은
당신이 깨닫게 한다

현실이라고

2024年 07月 15日
午後 12時 46分

밤나무

밤나무밭 밤나무에
눈물이 그렁그렁 맺혔다

눈물 한 송이를 똑 떼어
바닥에 툭 던져보지만

셀 수 없는 물방울들은
가지 끝자락에 매달려

말라가는 나무를 도와주지 않는다

저어 멀리서 한 남자가 온다

신발에 진흙 묻은 한 남자는
어쩌다 밤나무 한 그루에

진흙을 떼어내려고 신발을
털어 내어본다

그 순간 얽히고설켜 있든
나뭇가지들이 서로 마구잡이로 부딪히며

밤나무에 달려 있든
모든 눈물방울을 털어냈다

이제 밤나무밭은 새로운
눈물방울을 만들어 낼 수 있게 되었다

2024年 07月 23日
午前 03時 04分

커피포트

커피포트를 끓여본다
물 끓는 소리

감정이 솟구치는 소리

물이 끓다 끓다
방울방울 소리가 나면

감추고 싶은 내면을 꺼낼 때가 왔다

내 그릇을 찾아
뜨건 나를 붓는다

연기는 잊고 싶은 과거

삼키는 물은
따듯한 물

2024年 07月 24日
午後 10時 34分

열기

숨이 가빠지는 이 순간
맥박이 붉은빛으로 물들면

어느덧,
온몸에 동백꽃이 활짝 피어오른다

머리카락 타고 발끝으로 향하는 열기가
차디찬 한기를 몰고 와 핏줄에 꿰면

동백꽃 핀 몸은 어지럼에 주저앉는다

2024年 07月 26日

잠

끔벅 끔벅 눈이 감긴다

귓속을 간질이는 노랫소리

살랑살랑 귓구멍이 감긴다

어둑한 밤 끈적이는 여름밤

세포 하나하나 잠이 든다

손가락 떨구고 고개를 떨구고

달덩이를 떨구며 눈이 감긴다

2024年 07月 27日
午前 02時 27分

씨름

씨름을 하자

누가 더 붉은 심장을 가졌나
씨름을 하자

뜨건 숨결 내뿜어
더 뜨건 숨결 내뿜은 사람이 이기는

씨름을 하자

붉은 심장 자랑할수록
타오르는 피 자랑할수록 웃음 짓는

씨름을 하자

2024年 07月 27日
午前 03時 24分

아침二

결국 못 뱉을 문장들을
입 안에 굴려본다

원망 어린 단어들이
침에 섞여 목 뒤로 넘어간다

슬픔 담긴 글자들이
잇몸을 두들기지만

입 밖으로 꺼내줄 수 없어
꾹꾹 다물어 가둬둔다

언젠가 말할 수 있는 날이 오기를
간절히 바라며 입을 닫는다

2024年 07月 29日
午前 06時 27分

밤의 심술

잠의 미움을 받는 밤
잠들지 못하고
심해 속으로 가라앉는다

애정 가득한 손을 맞잡고
들리지 않는 목소리를 들으며
심해 속으로 가라앉는다

고대로 숨이 멎어간다

아득해지는 의식과 함께 가라앉는다

          2024年 07月 29日
          午後 11時 48分

음율

음율 나리는 오후

햇살이 빼꼼 눈짓을 하는 오후

작은 스피커 너머로 들리는

아이들의 소박한 웃음소리

손끝이 두둥실 떠오르네

몸 하나 음율 하나에 실려

새 삶에 나리네

2022年 03月 02日
午後 02時 12分

자장가

"꿈에서 만나요"

행복한 말을 남기고 잠을 청한다

곱게 감긴 너의 눈은
지금 나를 보고 있을까

아직 잠들지 못한 나는
뜬 눈으로 사랑하는 너를 본다

사랑스러운 너를 사랑스럽게 본다

내게 행복을 가져다준 너는
꿈속에서도 나와 행복할지

조용조용 자장가를 부르며
토닥토닥 잠을 청한다

2024年 07月 30日
午前 12時 37分

6.

고양이

베르

누런색 털이 보송보송
연분홍빛 발바닥이 말랑말랑

뒤뚱뒤뚱 내게 올 때면
간질거리는 손길이 그립나 보다

발등 위로 한 번 뒹굴
다리 사이를 왔다 갔다

만족스럽다는 너의 표현은
언제나, 늘 그렇듯 사랑스럽다

첫 만남에 운명을 알아본 우리
끝 날까지 사랑하자

> 2024年 07月 28日
> 午後 10時 16分
> 2023年 07月 06日(生)

심해, 숨 막힘

요르

손톱 자를 때 꾸에엑
눈곱 떼어 낼 때 꾸에엑

고양이 소리를 내지 않는
우리 고양이

한쪽 얼굴엔 밤을
한쪽 얼굴엔 빛을 담은 너

방울이 땡땡 울리면
폴짝 총총 달려오는 너

사뿐거리는 발소리를 들으니
아직 아기이긴 한가 보다

틈만 나면 어깨에 올라타
세상의 왕 행세를 하며

자유로운 영혼 펼치는 너
용맹스러운 너

두려웠던 첫 만남 잊고
사랑하는 가족이 되어준 너

2024年 07月 28日
午後 10時 28分
2024年 02月 24日(生)

7.
애가

비에 젖은 가락

아름다운 가락이 흘러오는데

누가 보낸 소리일꼬
누가 보낸 마음일꼬

톡 하고 내 마음 한편 건드리니
애달픔에 무너지네

톡 하고 내 샘을 건드리니
달빛 가득한 밤하늘에 비를 내리네

기다란 빗방울 한 움큼 모아 마시니

이것은 누구의 가락인고
누구의 사랑인고

등 뒤로 그려지는 거문고 소리가
참으로 눈물겹구나

퉁퉁 튕겨져 나오는 웃음소리가
참으로 서글프구나

발걸음 떼고 달려가고 싶은데

저어 땅에는
비가 없고, 가락이 없고, 웃음소리 없어
나는 찾아갈 수가 없다

끝을 맺어가는 가락이 와주면 좋으련만

울려버린 심금은 멈추질 않고
소리만 앞질러 가버리네

2021年

우연애가

달빛이 창가를 두드리는 밤
따듯한 바람에 실려 찾아온 것은

누구의 빗물일까
누구의 노래일까

저 밖은 찬란한 달과
삭막한 숨소리뿐인데

바람결에 섞인 노래가
붉은 뺨을 스쳐 지나니

등 뒤로 가락이 그려진다

심금의 줄이 튕겨 끊어지는 소리는

누구의 가락일까
누구의 사랑일까

저어 가락 끝자락에 걸쳐
아른거리는 사내의 뒷모습

그 눈이라도 볼 수 있으면
붉은 뺨이라도 스칠 수 있으면 좋으련만

덧없는 꿈이
내 것이 아니길 빌면서도

끝내 마지막 가락을 들이지 못하고
뜨거운 눈만 흩뿌린다

2021年

8.
어머니

어머니

그대가 떠난 이후 벽장 깊숙이 숨겨놓았든
오래된 나무 상자를 꺼내봅니다

먼지를 잔뜩 뒤집어쓴 상자를 열어보니
안에는 고인 물로 가득 차 있습니다

너무 오랜 시간 묻어둔 탓에
나무는 썩어가고 어지러운 이끼가 들러붙어 있습니다

그대가 떠나기 전 가장 소중히 다루든 함일 텐데
가장 어여쁘고 좋은 것들만 넣어 채운 함일 텐데

그대가 없는 나무 상자는
아주 작고 하찮은 존재가 되어 있습니다

너무 늦은 것이 아니길 바라며 닦아보렵니다

쌓인 먼지를 힘겹게 털어보렵니다

고여 있든 푸른 물을 흘려 버리렵니다

다시, 가장 좋은 것으로 채워두렵니다

그대가 떠나기 전 상자 속에 넣어두었든

초록 나뭇잎 하나,
발그레한 장미 두 송이,
눈물 한 방울

간직해 오든 깊은 마음 끝 칸에서 조심스레 꺼내어
다시, 넣어봅니다

그대가 슬쩍 눈을 돌려 나를 볼 때
입가에 미소만 번지기를 바라는 마음으로
오래된 나무 상자를 꺼내놓습니다

2021年 02月

아기 거북

쏴아- 철썩
쏴아- 철썩

바다에 입장한 아기 거북을
들였다 내보냈다
갈피를 못 잡는다

바다 한가운데서
아가를 걱정하는 어미를 위해
아기 거북을 부드럽게 안아주다가도

들어올 테면 들어와 봐라
하는 궂은 심보가
삐악삐악 아가를 울린다

바다거북이 아닌 것이
들어가려고 끙끙거리면
어미는 끙끙 앓고

바다거북이 되고픈 것은
파도에 밀려나도
어미에게 가겠다 삐악거린다

2021年 11月 11日
강원도 속초 등대 바다에서
午後 02時 34分

비행기

마음이 이륙한다

딱 한 명만을 태우고

마음이 이륙한다

목적지는 2008년 11월 11일
도착시간은 미정

마음에 올라탄 승객은

드넓은 하늘을 나는 줄 모르고
드넓은 바다를 그리워한다

가장 아름다운 승객은

사랑할 시간을 모르고
사랑했든 바다를 그리워한다

그를 위해
마음은 착륙을 미루어

마음을 돌고 돌다
오늘로 되돌아온다

2021年 11月 11日
강원도 속초 등대 바다에서
午後 02時 42分

9.
편지

어머니께

엄마, 저는 잘 못 지내요. 최근에 이런저런 일들이 많았어요.

행복하기 위한 선택들이 저를 더욱 불안하게 만들고 잠 못 들게 만들어요.

엄마도 그러셨을까요?

행복해지고 싶었던 욕심이 문제였을까요?

궁금한 게 너무 많은데 물어볼 수가 없으니 참으로 답답합니다.

요즘 엄마 생각이 많이 나요.

엄마도 나처럼 외로웠을까, 힘들었을까, 그래서 그런 선택을 하신 걸까.

너무 지쳐요.

다 끝내버리고 싶고 그만둘까 생각해요.

근데 엄마, 엄마랑 저랑 다른 것은 저는 생각만 한다는 거예요.

용기가 없어서요.

엄마 지금도 슬프신가요?

여전히 사무치는 아픔 속에 계신가요?

그렇지 않기를 바라봅니다.

그 아픔은 제가 가져갈 테니 어머니는 그저 웃으시길 바랍니다.

아주 행복하게 웃으시길 바라봅니다.

나는 계속 잠겨가지만 괜찮습니다.

더 나은 날이 오리라 믿으니까요.

그러니 잘 못 지내는 못난 딸 걱정은 마시고

그저 행복하게 웃으시길 바랍니다.

사랑합니다.

2023年 02月 15日
딸 올림

어머니께

 내 무얼 떨구어 버린 것인지 뱃속이 이리도 곪아가는지 모릅니다.

 바늘에 뚫린 구멍으로 새어 나오는 따듯한 피가 배 속을 채우고 목구멍을 채우더니 머리로 올라와 머리카락을 뽑아 버리고 줄줄, 눈물로 줄줄, 귓구멍, 콧구멍 침샘에서 줄줄 흘러나와 버립니다.

 생각해 보니 저 앞사람도 같은 마음이겠거니 싶습니다.
 그리 생각하다가도 다시 무얼 떨구어 버린 것인지, 잃은 것이 없는데 잃을 것이 많을까 하고 다시 뱃속이 곪아갑니다.

 작은 온기 있다면 찬 온기가 몸을 덮어줄 텐데 하고 바라던 중에 파란 새가 물어다 준 노란 꽃이 퍽 아름다워 웃어 봅니다.

 나아가길 바라든 마음 담긴 노란 꽃이 인도해 주길 잿빛 가득한 안갯길에 등 떠밀어질까

떠밀릴까?

다시 뱃속이 곪아갑니다.

파란 하늘 아래 무지갯빛 풀과 꽃과 검은 나비 날아다니든 나의 집은 어디 간 것일까요.

굽이굽이 쳐져 있는 흙길이 너무도 길어 걷지도 눕지도 먹지도 삼키지도 못해 말라가는 손구락이 퍽 못 나뵈 웃어봅니다.

딸 올림

어머니께

가을입니다.

집 뒷산에 밤나무에 열려 있던 밤들이 익어 갈색으로 변했습니다.

곧 떨어져 굴러다닐 것이고 누군가의 삶을 살게 할 것입니다.

하지만 저는 여전히 누굴 살릴 수도 죽일 수도 없이 무력한 나날을 보냅니다.

가을은 제 마음에만 머물고 싶은가 봅니다.

쌀쌀한 밤바람은 포근한 밤공기와 함께 여기저기 쑤시고 다니며 재채기를 옮기고 추억을 옮기고 슬픔을 만들어 냅니다.

어머니의 가을은 어땠을지 문득 궁금해집니다.

저와 같은 가을을 맞이하셨을까요?

이렇게나 외롭고 쓸쓸하셨을까요?

굴러떨어진 밤은 껍질만 남긴 채, 누군가의 삶이 되지만 껍질은 구르다 구르다 다른 이의 발을 상하게도 하고, 서로 부딪혀 가시를 깎아내리기도 하고 그렇게 끝내 무엇도 되지 못한 채 죽어버립니다.

어머니, 제 인생이 그런 것 같습니다.

밤의 버려진 껍데기 같습니다.

누군가에게 도움도 되지 못하고 죽이지도 못합니다.

이렇게 굴러가다 죽을 거라면 차라리 자유로울랍니다.

굴러도 가고픈 곳으로 굴러 죽어도 그곳에서 죽으렵니다.

구석진 길에서 먼지가 되어 사라지기보다 강물로 흘러가 가라앉으렵니다.

제가 가는 길 끝에 강물이 있기를 함께 응원해 주세요.

그 강물이 어머니의 품이기를 응원해 주세요.

그렇게 어머니의 길을 따라갈 수 있도록 응원해 주세요.

저는 우선 이걸로 만족하겠습니다.

자꾸 눈이 감기니 가보렵니다.

조금만 기다려 주세요.

마음을 주우며 가겠습니다.

사랑해요, 엄마.

2020年 11月 中
딸 올림

어머니께

어머니 잘 지내시나요?

저는 잘 지내지 못합니다.

어머니가 곁에 계셨다면 거짓말을 했을 겁니다.

어머니께서 걱정하셨을 테니까요.

하지만 내 세상에는 나를 걱정하시는 어머니는 안 계십니다.

그래서 이리 솔직해져 봅니다.

어머니, 궁금한 것이 있습니다.

어머니도 이 고립감과 공허함과 아픈 마음을 갖고 계셨던 건가요? 어떻게 버티셨나요?

저를 낳으시고 10년을, 어떻게 이러한 슬픔 속에서 살아계셨나요?

어릴 적 많이 원망했던 어머니의 아픔을 이제서야 이해하기 시작했습니다.

너무 어린 딸을 의지하지 못하고 지켜주어야 할 존재로 여기신 어머니, 당신은 어찌 그러한 희생을 하셨나요?

수많은 희생 끝에 어머니를 위한 선택, 그 마지막 선택이 나를 울리기도, 웃게 하기도 합니다.

이제는 원망치 않습니다.

어머니의 마지막은 순전히 어머니만을 위한 것이었겠지요? 그랬으리라 믿습니다.

어머니의 사랑이, 슬픔이, 미안함이 이 밤을 적십니다.

너무도 그리운 이 밤, 저는 여전히 잠들지 못하고 어머니를 그리워합니다.

너무도 보고 싶습니다.

세상은, 인생은 나를 기다려 주지 않지만 어머니, 당신은 그곳에서 나를 기다려 주고 계시겠지요.

나를 이루고 있는 이 모든 세상이 거짓임을 알았을 때 당신은 얼마나 큰 아픔 속에 계셨을지 아주 조금, 아주 강하게 알게 되었습니다.

당신은 원치 않았을 거라 생각합니다.

나의 끝이, 결말이 얼마나 기쁜 일이기를 바랐을지 압니다.

하지만 나는 그런 기쁜 결말을 맞이하지 못했습니다.

지금도 나는 당신만을 그리고, 긁고, 그리워합니다.

이 마음을 글로 써봅니다.

그렇게 당신에게 파묻혀 보고 글에 잠겨봅니다.

언젠가 좋아했든 시인처럼

언젠가 사랑했든 가수처럼

언젠가 미워했든 당신처럼

봄 같은 결말을 맞이해 봅니다.

어머니, 사랑합니다.

저는 이 시간을 그리고, 긁고, 그리워해 봅니다.

2021年 03月 07日
午前 02時 37分
딸 올림

어머니께

엄마, 저는 요즘 정말 잘 지내고 있어요.

밥도 꼬박꼬박 챙겨 먹고 아픈 곳도 잘 치료받고 있어요.

이제는 더 이상 죽고 싶다는 생각이 들지 않아요.

하루하루를 더 간절히 잘, 잘 살아내고 싶어졌어요.

엄마의 뒤를 쫓기 바빴던 저는 이제 앞을 향해 달려가요.

미래를 향해.

과거 엄마가 살아 계시던 시간에서 벗어나 내가 그와 살아갈 미래를 그리며 살아가고 있어요.

엄마, 나 이제 곧 시집을 내요.

수많은 시간 동안 나를 괴롭게 한 감정들이 글이 되어 세상 빛을 볼 때가 되었어요.

100개의 시를 모을 때쯤이면 시집을 낼 수 있을까? 하는 의문과 100개의 시를 이렇게 금방 쓰게 될 줄은 몰랐어요.

나의 영감님은 늘 방랑자마냥 떠났다 돌아오시고 다시 가 버렸다 슬쩍 얼굴을 비추고 사라지잖아요.

엄마의 영감님은 어땠을지 궁금해지는 밤이에요.

물론, 여전히 잠에는 잘 못 들어요.

그래도 이렇게 그 시간을 통해 엄마께 편지를 써보아요.

늘 그립고 사랑하는 엄마, 행복하게 기다려 주세요.

命이 다 채워지는 날 만나러 갈게요.

사랑해요.

2024年 07月 29日
딸 올림

아버지께

사람들은 어째서 그리도 쉽게 평가를 매기는 걸까요?

어떻게 그리도 간단하게 선과 악을 갈라 손에 잡히는 어느 것은 선에, 발에 차이는 어느 것은 악에 가져다 두고 보기에 참 좋다며 완벽한 세상이라며 웃을 수 있는 걸까요?

그러다 어느 날 제 발밑에 굴러다니던 악이 다른 이의 손바닥 위에서 좋은 옷을 입고 좋은 것을 먹는 선으로 발견될 때, 그들은 참 쉽게도 옷을 벗어 던져버립니다.

정답이 없는 세상에서 기대야 할 것이 정답뿐인데 누구도 알 수 없고 또 누구나 깨닫게 되는 정답은 마른 낙엽 같고 내게는 너무 강한 바람과도 같습니다.

금방이라도 날리다 바람에 견디지 못하고 머리카락부터 바스러져 티끌이 되어버릴 것만 같은 강인함을 나는 견디지 못합니다.

그리고 저들은 누가 정답에 가까운지, 누가 바람을 맞고도 살아 있는지 가르기 위해

또다시 옷을 벗어 던집니다.

나는 사람들이 벗은 옷 밑에 파묻혀 밟히다 또다시 바스러져 티끌이 되어버립니다.

정답을 위해 살아가는 것보다 차라리 죽어 살지 않는 것이 더 행복한 삶이 아닐는지요.

공평한 죽음을 맞이하는 것이 더 빛나는 삶이 아닐는지요.

나는 언제쯤 데려가실까 하는 마음으로 글을 써봅니다.

2021年 03月 31日
午前 01時 44分
딸 올림

심해,
숨 막힘

초판 1쇄 발행 2024. 10. 4.

지은이 이해밀
펴낸이 김병호
펴낸곳 주식회사 바른북스

편집진행 박하연
디자인 한채린

등록 2019년 4월 3일 제2019-000040호
주소 서울시 성동구 연무장5길 9-16, 301호 (성수동2가, 블루스톤타워)
대표전화 070-7857-9719 | **경영지원** 02-3409-9719 | **팩스** 070-7610-9820

•바른북스는 여러분의 다양한 아이디어와 원고 투고를 설레는 마음으로 기다리고 있습니다.

이메일 barunbooks21@naver.com | **원고투고** barunbooks21@naver.com
홈페이지 www.barunbooks.com | **공식 블로그** blog.naver.com/barunbooks7
공식 포스트 post.naver.com/barunbooks7 | **페이스북** facebook.com/barunbooks7

ⓒ 이해밀, 2024
ISBN 979-11-7263-163-5 03810

•파본이나 잘못된 책은 구입하신 곳에서 교환해드립니다.
•이 책은 저작권법에 따라 보호를 받는 저작물이므로 무단전재 및 복제를 금지하며,
 이 책 내용의 전부 및 일부를 이용하려면 반드시 저작권자와 도서출판 바른북스의 서면동의를 받아야 합니다.